Moritz Boerner

30 Minuten
für die Auflösung von
Ärger und Frustration

Bibliografische Information Der Deutschen Bibliothek

Die Deutsche Bibliothek verzeichnet diese Publikation in der Deutschen Nationalbibliografie; detaillierte bibliografische Daten sind im Internet über http://dnb.ddb.de abrufbar.

Umschlag und Layout: die imprimatur, Hainburg
Lektorat: Diethild Bansleben, Offenbach
Satz: Wegner-Repke Typographie & Design, Offenbach
Druck und Verarbeitung: Salzland Druck, Staßfurt

Hinweis:
Das Buch ist sorgfältig erarbeitet worden. Dennoch erfolgen alle Angaben ohne Gewähr. Weder Autor noch Verlag können für eventuelle Nachteile oder Schäden, die aus den im Buch gemachten Hinweisen resultieren, eine Haftung übernehmen.

Printed in Germany

ISBN 3-89749-513-9

In 30 Minuten wissen Sie mehr!

Dieses Buch ist so konzipiert, dass Sie in kurzer Zeit prägnante und fundierte Informationen aufnehmen können. Mit Hilfe eines Leitsystems werden Sie durch das Buch geführt. Es erlaubt Ihnen, innerhalb Ihres persönlichen Zeitkontingents (von 10 bis 30 Minuten) das Wesentliche zu erfassen.

Kurze Lesezeit
In 30 Minuten können Sie das ganze Buch lesen. Wenn Sie weniger Zeit haben, lesen Sie gezielt nur die Stellen, die für Sie wichtige Informationen beinhalten.

- Alle wichtigen Informationen sind blau gedruckt.

- Schlüsselfragen mit Seitenverweisen zu Beginn eines jeden Kapitels erlauben eine schnelle Orientierung: Sie blättern direkt auf die Seite, die Ihre Wissenslücke schließt.

- *Zahlreiche Zusammenfassungen innerhalb der Kapitel erlauben das schnelle Querlesen. Sie sind blau gedruckt und zusätzlich durch ein Uhrsymbol gekennzeichnet, so dass sie leicht zu finden sind.*

- Ein Register erleichtert das Nachschlagen.

Inhalt

Vorwort

Der Wissenschaftsjournalist und Biophysiker Stefan Klein schreibt in seinem Buch „Die Glücksformel“:
„Viele Menschen glauben, ein Wutanfall würde sie von der Wut befreien, Tränen von der Trauer erlösen. Diese Vorstellung hat sich als falsch erwiesen und ist oft sogar schädlich.“
Laut neuesten Gehirnforschungen ist es besser, Ärger und Frustration schnellstens aufzulösen, indem man sich davon löst. Andernfalls bilden sich Schaltungen im Gehirn, die die negativen Gefühle verlängern und verstärken, so dass es immer schwerer fällt, sich zu beruhigen und den klaren Blick auf die Realitäten zurück zu gewinnen. „Wenn man Ärger raus lässt, gießt man Öl ins Feuer“, schreibt Klein. „Anstatt das schlechte Gefühl zu beherrschen, werden wir ihm in Zukunft noch mehr ausgeliefert sein.“

Finden wir hingegen einen Weg, den Ärger loszulassen oder angemessen zu verarbeiten, dann programmieren wir unser Gehirn neu, was einen physischen Umbau bedeutet. Die Geschwindigkeit, mit der dies geschieht, ist erstaunlich. Das Alter eines Menschen scheint kaum einen Einfluss hierauf zu haben – auch bei den Älteren funktionieren die hier beschriebenen Techniken genauso wie bei Jüngeren.

Viele meiner Seminarteilnehmer berichten nach ihrer Anwendung nicht nur von erstaunlichen Veränderungen ihres inneren Erlebens. Sie haben geradezu das

Gefühl, dass sich in ihrem Kopf physisch etwas tut. Wer bei der Anwendung zuschaut, sieht spontane Veränderungen der Körpersprache, der Hautfärbung, eine Beruhigung des Atems, Entspannung, Glättung der Haut.

Wie ist das möglich? Wir reagieren überwiegend nicht auf das, was im Außen passiert, sondern auf die Vorstellungen, die wir im Kopf haben. Das Gehirn ist hauptsächlich mit sich selbst beschäftigt. Schon der griechische Philosoph Epiktet sagt in seinem „Handbüchlein der Moral“:

Nicht die Dinge selbst beunruhigen die Menschen, sondern die Vorstellungen von den Dingen.

Die moderne Gehirnforschung bestätigt dies in vollem Umfang. Mit Hilfe der Computertomographie ist es möglich, das lebende Gehirn zu beobachten, während es wahrnimmt oder denkt. Die Vorstellung einer Situation löst in haargenau den gleichen Gehirnarealen Aktivität aus wie die reale Situation. Das bedeutet einerseits, dass wir negative Emotionen durch Vorstellungen auslösen und verstärken können, aber auch, dass wir fähig sind, mit Hilfe unserer Vorstellungskraft positive Gefühle zu erzeugen. Und zwar mit allen wünschenswerten Konsequenzen: Ausschüttung von Glückshormonen, die eine Steigerung der Immunabwehr zur Folge haben, Zunahme der Kreativität, eine bessere Bewältigung des Alltags, mehr Effizienz, bessere mitmenschliche Beziehungen. Wer sich positiv umprogrammiert, hat mehr Chancen, dass seine Umwelt sich verändert und seine Mitmenschen positiv auf ihn reagieren.

1. Ein Crashkurs in „Nie mehr ärgern"

Ob wir es wollen oder nicht – wir ärgern uns mehr oder weniger oft. Öfter als uns lieb ist, sind wir frustriert. Kann man dagegen etwas tun? Kann man es verhindern?
Im Ansatz ist Ärger nichts Schlechtes, er erinnert uns daran, dass wir etwas ändern sollten.
Doch was ist, wenn die Änderung nicht gelingt oder wenn wir keine Macht über die Dinge haben, die wir ändern wollen?
Ärger und Frustration schaden nachweislich der Gesundheit. In unserem Umfeld sind sie kontraproduktiv, denn sie verhindern oft genug die vielleicht mögliche Veränderung der Umstände.

1.1 Zwei effektive Methoden

Wie gehen wir normalerweise mit unserem Ärger um? Entweder unterdrücken wir ihn oder wir drücken ihn aus. Die erste Strategie führt dazu, dass wir irgendwann explodieren oder krank werden. Die zweite Strategie ist kaum besser, sie führt nach neuesten wissenschaftlichen Erkenntnissen zur Verstärkung und Verlängerung der negativen Gefühle. Sie programmiert uns dahingehend, dass wir uns immer wieder und möglicherweise sogar in steigendem Maße ärgern. Hinzu kommt, dass das Ausdrücken von Gefühlen nicht in jeder Lebenssituation angebracht ist. Zum Beispiel, wenn wir gerade an einer geschäftlichen Besprechung teilnehmen.
Zum Glück gibt es einen dritten und goldenen Mittelweg, der genau dazwischen liegt. Er wird von uns selbst oft intuitiv beschritten, gute Freunde helfen uns (hof

fentlich) dabei und viele gute Therapieformen arbeiten damit: Gefühle werden geistig verarbeitet und integriert.

Ich stelle Ihnen in diesem Büchlein zwei Methoden vor, mit deren Hilfe sich schon Zehntausende auf der ganzen Welt von Ärger und Frust befreien konnten. Sie sind

- effektiv
- standardisiert
- schnell anzuwenden
- leicht zu erlernen
- meist sofort wirksam.

Beide Methoden beruhen auf der Beantwortung von Fragen, die in unsere Mitte führen.
Ich nenne sie **prozess-orientierte** Fragetechniken, weil es nicht auf die wörtliche Bedeutung der Antworten ankommt, sondern auf den inneren Prozess, den die Fragen auslösen.

Die erste Methode des Loslassens arbeitet mit Ihren Gefühlen. Bei aktuellem Ärger benötigen Sie oft nur wenige Sekunden, um sie anzuwenden.

Die zweite Methode des Bearbeitens benutzt Ihre Urteile, Denkmuster, Glaubenssätze und beruht auf Fragen, die aus der kognitiven Psychotherapie stammen. Das Bearbeiten dauert etwas länger – nach entsprechender Übung kann man selbst hartnäckigen Ärger in fünfzehn oder dreißig Minuten auf Nimmerwiedersehen verabschieden.

Wenn Sie dieses Buch gelesen haben, werden Sie beide Methoden zu Ihrem Vorteil einsetzen können, und zwar nicht nur, um sich selbst von Ärger und Frust zu befreien, sondern auch, um Anderen hierbei zu helfen.

Die Methoden ergänzen sich insofern, als man mit dem Loslassen mehr auf der Gefühlsebene und mit dem Bearbeiten zumindest vordergründig mehr mit dem Verstand arbeitet. Was aber wirklich im Inneren passiert, betrifft eine viel tiefere Ebene menschlichen Seins. Eine Ebene, die uns Erwachsenen meist nicht direkt zugänglich ist. Lassen Sie sich überraschen!

Die Unterdrückung schlechter Gefühle wie Ärger und Frustration macht krank, das Ausdrücken ist ineffektiv und schadet uns und Anderen. Der dritte, natürliche Weg ist die Integration – sie führt uns zu unserer Mitte und lässt uns geistig wachsen. Prozess-orientierte Fragetechniken sind ein effektiver Weg, mit negativen Gefühlen und Gedanken umzugehen.

1.2 Ärger und Frust loslassen

Wir alle wissen: Schlechte Gefühle helfen nicht und Ärger heilt nicht – aber wie lassen wir schlechte Gefühle los? Sich selbst den Befehl zu geben, funktioniert bei den meisten Menschen nicht – im Gegenteil. Je stärker wir gegen ein Gefühl kämpfen, umso mehr belästigt es uns. Dennoch gibt es Wege zum Loslassen.
Kinder beispielsweise haben keine Probleme damit: Ein kleiner Junge fällt hin, sein Knie blutet. Ohne Zweifel

fühlt er den Schmerz. Er schaut sich um – kein Erwachsener in Sicht. Schon nach wenigen Sekunden ist die Sache kein Thema mehr. Kinder schalten blitzschnell zwischen gegensätzlichen Gefühlen hin und her.
Auch wir Erwachsenen können Gefühle in bestimmten Situationen loslassen. Jede Art von Ablenkung ist hierzu willkommen. Während eines spannenden Films sind alle Sorgen vergessen. Stellen Sie sich vor: Wir ärgern uns gerade. Plötzlich fängt das Haus an zu brennen und wir laufen los – aller Ärger wird bedeutungslos angesichts der Gefahr.

Die erste Methode besteht aus vier Fragen. Sie stammen aus dem Buch „The Sedona Method“ des Amerikaners Hale Dwoskin, der sie wiederum von seinem Lehrer Lester Levenson übernommen hat. Levenson hatte sich im Alter von 42 Jahren todkrank in sein Appartement zurückgezogen, nachdem die Ärzte ihm nur noch wenige Monate zugestanden hatten. Als Physiker und erfolgreicher Unternehmer fand er sich damit nicht ab und suchte einen Weg, sich selbst zu heilen. Innerhalb weniger Monate gelang ihm dies. Er lebte weitere zweiundvierzig Jahre, in denen er unter Anderem die Technik des Loslassens lehrte, die ich hier vorstellen möchte. Der wissenschaftlich denkende Levenson bat darum, das Gefühl zu fühlen und stellte dann folgende Fragen:

- **Können Sie dieses Gefühl in diesem Moment akzeptieren?**
- **Könnten Sie dieses Gefühl jetzt loslassen – nur für diesen Moment?**

- **Würden Sie dieses Gefühl loslassen?**
- **Wann?**

Probieren Sie es einmal selbst aus! Wenn Sie sich gerade jetzt über etwas ärgern, gehen Sie nach innen und denken Sie an diese konkrete Sache, an die Person oder Situation, die Sie frustriert. Fühlen Sie, was Sie gerade fühlen.

Können Sie dieses Gefühl in diesem Moment akzeptieren?

Ihre ehrliche Antwort sollte aus dem Herzen kommen. Es kann sein, dass Ihnen klar wird: Sie haben gar keine Wahl! Oder dass es sich um ein Körpergefühl handelt, das Sie fühlen und ertragen können. Es kann aber auch sein, dass Sie sich weigern, es zu akzeptieren.
Antworten Sie spontan. Denken Sie nicht lange nach.

Und könnten Sie dieses Gefühl jetzt loslassen – nur für diesen Moment?

Antworten Sie wieder mit dem Herzen und spontan. Ob Sie ja oder nein sagen, spielt keine Rolle. Sie werden nicht zum Loslassen aufgefordert, sondern nur gefragt: Könnten Sie es theoretisch loslassen? (Oder Sie könnten sich fragen: Will ich diesen Ärger behalten oder will ich frei sein?) Denken Sie nicht lange nach! Stellen Sie sich die nächste Frage:

Würden Sie dieses Gefühl loslassen?

Antworten Sie abermals spontan, ehrlich und mit dem Herzen. Ob Sie ja oder nein sagen, spielt auch hier keine

Rolle. Mancher denkt: Ja, ich würde es loslassen, wenn ich könnte. Ein anderer sagt: Ich würde es gerne loslassen, wenn man mich ließe.

Und dann:
Wann? Wann würden Sie es loslassen?
Was auch immer Sie antworten, seien Sie ehrlich zu sich selbst. Ich liebe es, laut zu antworten: JETZT! Aber auch wenn Sie „Morgen" oder „Heute Nacht" oder „Nie" sagen, ist das in Ordnung.

Jetzt fühlen Sie einmal in sich hinein, ob sich etwas verändert hat. Viele spüren schon bei erstmaliger Fragestellung eine gewisse Erleichterung. Wiederholen Sie das Ganze auf jeden Fall mehrmals.
Die Methode wirkt eigentlich zu einfach, oder? Aber sie funktioniert und das ist die Hauptsache. Probieren Sie es ein paar Mal aus.

Aktueller Ärger:
Hatten Sie keinen „aktuellen" Ärger zum Ausprobieren? Dann schreiben Sie eine spontane Liste der Dinge, über die Sie sich ärgern oder über die Sie frustriert sind.

Als ich anfing, mit heilenden Fragetechniken zu arbeiten, war dies meine persönliche Liste:
Krankheit, Kriege auf der Welt, unfähige Politiker, Dummheit, Intoleranz, Betrogen werden, Verkehrsstaus, mangelnde Anerkennung, Unhöflichkeit, Belogen werden, Unordnung, trotziges Verhalten meiner Freundin, Aufkleber auf Äpfeln, Sperrmüll im Wald, kein Geld, Urlaub gestrichen, zu spät kommen,

Rechtsüberholer, Leute, die zu dicht auffahren und die Lichthupe betätigen, Ungehorsam von Kindern, Lärm, Bürokratie.
Wenn Sie Ihre Liste fertig haben, gehen Sie die einzelnen Punkte mit den Fragen durch.

Eine Anmerkung: Viele Menschen spüren nicht unbedingt ein deutliches Gefühl, wenn sie nur an Krieg, Krankheit oder an einen speziellen Ärger denken. Das macht nichts! Sie können die Methode genauso gut mit Gedanken an diese Sache anwenden. Vermutlich löst jeder Gedanke ein Gefühl aus, das mit genügend feinen Instrumenten gemessen werden könnte. Nicht jedes feine Gefühl dringt ins Bewusstsein.

1.3 Wie funktioniert das Loslassen?

In ihrem Buch mit dem Titel: „Jeden Tag weniger ärgern!“ erläutert Vera F. Birkenbihl „59 konkrete Tipps, Techniken, Strategien“, mit Ärger umzugehen. Als ich diese auf ihre Gemeinsamkeiten untersuchte, fand ich Folgendes:

- Sie führen zur Mitte
- Sie helfen, sich aus der negativen Emotion heraus zu begeben und die Sache von einer höheren Warte zu sehen
- Sie arbeiten ohne Druck, auch nicht dem Druck, den wir selbst ausüben
- Sie führen uns ins Hier und Jetzt

Die hier vorgestellten Methoden tun das auch. Alle Meditationsformen funktionieren so. Wenn Sie Ihren Atem beobachten, beten oder indische Mantren wiederholen, wird Ihr Ärger sich ebenfalls vermindern. Ich empfehle derartige Methoden. Aber wenn Sie sich in einer geschäftlichen Besprechung befinden, am Steuer sitzen oder gerade mit Ihrem Lebenspartner oder mit Ihren Eltern oder Kindern Krach haben, können Sie nicht die Augen schließen, eine Yoga-Haltung einnehmen und sich auf Ihr drittes Auge konzentrieren. (Vera F. Birkenbihl empfiehlt daher in ihrem Buch und auf ihrer Website nicht nur ausdrücklich die hier vorgestellte Methode des Bearbeitens, sondern produzierte mit mir zusammen auch ein Video darüber.)

Dieses Büchlein soll Ihnen helfen, Ärger und Frustration zu beseitigen, *während* Sie mitten im Leben stehen, *während* Sie gerade darunter leiden.

Die Frage „Können Sie dieses Gefühl in diesem Moment akzeptieren?"

Ärger und Frustration verstärken sich wie alle Gefühle, wenn wir gegen sie kämpfen. Akzeptanz der realen Wirklichkeit steigert die Wahrscheinlichkeit, dass das Gefühl uns verlässt. Gefühle kommen, um zu gehen! Wenn wir ein Gefühl wirklich fühlen, merken wir oft, dass es sich um sehr konkrete Körpersensationen handelt: ein Ziehen im Kopf, ein Stich in der Brust, eine Schwere im Bauch, eine Anspannung im Hals.

Solche wahrgenommenen Gefühle sind leichter zu akzeptieren als mehr oder weniger abstrakter „Ärger", undefinierbarer „seelischer Schmerz", diffuse „Angst". Derartige Begriffe neigen dazu, sich in unserem Denken und unserer Vorstellung als magische, böse oder fremdartige „Wesenheiten" einzunisten.

Wirklich im Körper Gefühltes hingegen lässt sich abgrenzen, ist vertraut und kann als zum körperlichen Sein gehörige lebendige Wahrnehmung akzeptiert werden.

Die Frage „Könnten Sie dieses Gefühl jetzt loslassen?"
Wir können theoretisch ALLES loslassen. Wir tun es jede Nacht im Tiefschlaf. Aber auch in einem spannenden Film, bei einem Fallschirmsprung, während eines Konzertbesuchs. Die Mechanik des Loslassens kann so kompliziert nicht sein. Jedoch: Auf Befehl, auf direktem Weg, etwa auf Zuruf „Lass los!", scheint es bei den meisten Menschen nicht zu funktionieren. Vertrauen Sie darauf, dass das indirekte, theoretische „Könntest du?" Ihnen die Richtung zu Ihrer Mitte zeigt und Ihre seelischen Ressourcen aktiviert.

Die Frage „Würden Sie dieses Gefühl loslassen?"
Diese Frage verstärkt das Anzapfen dieser möglicherweise versteckten Ressourcen. Sie leuchtet wie ein Scheinwerfer der Möglichkeiten ins bisherige Dunkel und aktiviert positive Vorstellungen.

Die Frage „Wann?"
Sie bringt uns ins Hier und Jetzt oder erzeugt in uns eine Ahnung davon, wie es sein könnte oder sein wird, wenn wir losgelassen haben.

- *Der Kampf gegen negative Gefühle verstärkt das Negative*
- *Bewusstes Loslassen wollen gelingt nur Wenigen*
- *Loslassen von Ärger und Frustration sind aber möglich, wie unsere natürliche Veranlagung zeigt*
- *Der Trick besteht darin, dass man eine indirekte Technik anwendet*
- *Stellen von Fragen ist eine indirekte Technik: Wir fragen ohne Druck, die Antworten steigen zwanglos aus unserem Innern auf*

1.4 Drei Strategien, Ärger und Frust loszulassen

In der Praxis haben sich drei verschiedene Strategien bewährt, mit dem Loslassen unerwünschter Gefühle umzugehen.

Für die erste Strategie nehmen Sie sich eine halbe bis eine Stunde Zeit. Die zweite Strategie eignet sich zum Auto fahren, Joggen, Spazierengehen oder wenn Sie mit einem Partner arbeiten. Die dritte Strategie können Sie immer anwenden, wenn Sie sich gerade ärgern.

1. Gezielte schriftliche Anwendung
Sie bearbeiten bestimmte Lebensbereiche, Personen, Situationen, und Unerledigtes aus der Vergangenheit:

- Gesundheit
- Beziehungen

- Beruf
- Geld
- Verwandtschaft
- Wohnsituation

Durchforsten Sie diese Bereiche gedanklich auf Themen, über die Sie sich ärgern. Nehmen Sie die schmerzhaftesten Dinge zuerst dran. Schreiben Sie die Punkte auf, und bearbeiten Sie dann jede Sache einzeln mit den Fragen.

Wenn Sie mögen, benutzen Sie das folgende „Beschwerdeformular". Nach dem Ausfüllen wenden Sie die vier Fragen auf jeden einzelnen Satz an, den Sie aufgeschrieben haben.

„Beschwerdeformular":

Ich ärgere mich über

____

____

Ich bin frustriert über

____

____

Es bringt mich ziemlich in Rage, dass

____

____

Mir fällt dazu noch folgendes ein:

____

____

2. Anwendung beim Spazierengehen, Auto fahren, Entspannen
Sprechen Sie den folgenden Text auf Band. Lassen Sie genügend lange Pausen für die Antworten.

Denke an eine Sache, eine Situation oder eine Person, über die du dich ärgerst oder geärgert hast.
Könntest du dieses Gefühl jetzt annehmen wie es ist?
Könntest du dieses Gefühl jetzt loslassen, nur für einen Moment?
Würdest du dieses Gefühl loslassen?
Wann?

Denke noch einmal ...

Und so weiter. Wiederholen Sie das Ganze 15 bis 20 Mal. Formulieren Sie es nach Bedarf um; zum Beispiel:

Ich denke an eine Sache, eine Situation oder eine Person, über die ich mich ärgere oder geärgert habe.

Und so weiter.

Hören Sie das Band beim Laufen, Auto fahren oder bei einer anderen Gelegenheit und beantworten Sie die Fragen. Oder bitten Sie jemanden, Ihnen die Fragen zu stellen.

3. Aktuellen Ärger und Frust sofort loslassen
Mit ein wenig Übung in der Fragetechnik können Sie sich während eines Gesprächs oder in einer Situation schnell die Fragen stellen. Sagen Sie zum Beispiel:

„Einen Moment bitte, diesen interessanten Punkt möchte ich mir notieren!"
Oder stellen Sie sich die Fragen, während andere Personen sprechen. Nach einiger Zeit müssen Sie nichts mehr formulieren, der Prozess läuft automatisch ganz von alleine ab.

Wenn Ihnen jemand einen unberechtigten Vorwurf macht und Sie ärgern sich, fühlen Sie einfach den Ärger und stellen sich die Fragen in Kurzform: „Könnte ich den Ärger loslassen? Würde ich? Wann?"
Anschließend ist immer noch genügend Zeit Ihre Meinung zu äußern. Wer wirkt glaubhafter? Jemand, der sich wütend verteidigt? Oder ein Mensch, der freundlich und sachlich sagt, wie er die Angelegenheit sieht.

Es kann aber auch sein, dass Sie dem Anderen schlicht und einfach Recht geben. Ist Ihr Ärger sehr groß, können Sie um ein Glas Wasser bitten, eine kurze Pause, oder sich auf die Toilette begeben, oder ein vorgetäuschtes, sehr wichtiges Telefonat auf Ihrem Handy führen. Das müsste Ihnen genug Zeit geben, um sich die Fragen zu stellen. Sie können sicher sein, Ihr Ärger lässt zumindest so weit nach, dass Sie sich wieder voll auf Ihren Gesprächspartner konzentrieren können.

Es gibt drei Wege, die Technik des Loslassens anzuwenden:

- gezielte Arbeit an sich selbst;
- nebenbei, während Sie etwas anderes tun;
- während oder kurz nachdem Sie sich aktuell ärgern.

Was ist Ihr eigentliches Ziel?
Eine Zusatzübung: Fragen Sie sich:
Was will ich wirklich erreichen, wenn ich mich ärgere?
Denn hinter jedem Ärger steckt ein Wunsch.
Und dann fragen Sie sich bei jedem Ärger, in welche Kategorie von Wünschen er fällt.

- Will ich Kontrolle?
- Will ich Anerkennung?
- Will ich Sicherheit?
- Will ich Trennung oder Alleinsein?

Sämtliche menschlichen Gefühle können in eine oder mehrere dieser Kategorien eingeordnet werden. Es ist gut, wenn Sie den Ärger und die dazu gehörigen Wünsche einordnen und aufschreiben. Sie bekommen auf diese Weise Abstand zu Ihrem Ärger!

Richten Sie sich das folgende Arbeitsblatt ein:

Mein Ärger	**Der Wunsch dahinter**	**Kategorie**
Kritik vom Chef	Mein Chef sollte mich loben	Anerkennung

Ärger über den Ärger und Widerstände
Viele von uns sind unmutig, dass sie sich trotz all der schlauen Bücher, die sie gelesen oder der Seminare, die sie besucht haben, ärgern.
Andere spüren Widerstände, die hier vorgestellte Methode anzuwenden.

Nehmen Sie einfach den Ärger über den Ärger oder den Widerstand, lassen Sie sich auf ihn ein, fühlen Sie ihn und stellen Sie sich die Fragen:

- Könnte ich das loslassen?
- Würde ich?
- Wann?

2. Was soll der ganze Ärger?

Jede menschliche Regung und Veranlagung, jedes menschliche Gefühl hat einen Sinn. Oft haben wir jedoch den Sinn vergessen, verdrängt oder unsere schnelllebige Zeit hat die langsamere Evolution überholt. Gefühle sind immer etwas Positives – auch Ärger und Frustration. Aber manchmal sind sie nicht mehr zeitgemäß, weder in unserer persönlichen Entwicklung, noch in der Entwicklung der Menschheit. Wenn wir jedoch auf intelligente Weise mit ihnen umgehen, können wir sogar Nutzen und Erkenntnis aus ihrem Vorhandensein ziehen.

2.1 Was ist Ärger?

Ärger und Frustration sind ursprüngliche Gefühle, die in direktem Zusammenhang mit einem auslösenden Ereignis stehen. Sie sind fest eingebaut und überlebensnotwendig, denn sie bewahren das Individuum vor Schaden. Verschiedene Formen und Stufen des Ärgers bestehen aus Zusammenziehung, sich Klein- oder Großmachen, sich Verstecken, Zurückschlagen, Flucht, sich tot stellen und so weiter. Diese Veränderungen der Mimik und Motorik werden durch physiologische Prozesse im Körper ausgelöst und gesteuert. Ein Tier oder ein Baby ist mit solchen Strategien perfekt ausgestattet, sie helfen ihm zu überleben.

Durch Lernen verändern und verschieben sich die Reiz- und Reaktionsmuster. Beim denkenden Menschen kommt ein Aspekt hinzu: Er kann sich auslösende Ereignisse vorstellen, sich an sie erinnern.

Der Körper hingegen kann nicht zwischen einer wirklich stattfindenden auslösenden Situation und der Vorstellung oder dem Gedanken an diese Situation unterscheiden. Ganz offensichtlich wird dies bei sexuellen Vorstellungen oder beim Gedanken ans Essen – ob wir wollen oder nicht, der Körper reagiert darauf.

Wissenschaftler können auf verschiedenste Weise messen, ob ein Mensch an Positives oder Negatives denkt. Unser Denken wird meist nicht bewusst gesteuert. Wir denken selten an etwas, weil wir das wollen, sondern die Gedanken gehen uns – oft unerwünscht – einfach durch den Kopf.

Wir können weder unser Denken abstellen, noch für längere Zeit bewusst auf erwünschte Gegenstände richten, noch von unerwünschten Dingen abhalten. Im Gegenteil, sowie wir das Letztere versuchen, verstärkt sich die Tendenz, ganz automatisch das zu denken, was wir nicht denken wollen. Denken ist ein weitgehend automatischer Vorgang, von dem Friedrich Nietzsche in „Jenseits von Gut und Böse" sagt:

... ich will nicht müde werden, eine kleine kurze Thatsache immer wieder zu unterstreichen, [...] nämlich, dass ein Gedanke kommt, wenn „er" will, und nicht wenn „ich" will; so dass es eine Fälschung des Thatbestandes ist, zu sagen: das Subjekt „ich" ist die Bedingung des Prädikats „denke". Es denkt: aber dass dies „es" gerade jenes alte berühmte „Ich" sei, ist, milde geredet, nur eine Annahme, eine Behauptung, vor Allem keine „unmittelbare Gewissheit".

Wenn ich in diesem Büchlein vom Denken spreche, meine ich jedenfalls das automatische Denken, das uns mehr oder minder ungewollt heimsucht. Nicht das bewusste und gezielte Denken, das für die Planung einer Urlaubsreise oder das Ausfüllen der Steuererklärung eingesetzt wird.

Wir sind programmiert

Als erwachsener Mensch gehen Sie durch die Welt und nehmen Dinge wahr, die Sie kennen. Was Sie nicht kennen, nehmen Sie möglicherweise gar nicht wahr.

Wir hegen bestimmte Gedanken über alles, was wir kennen. Diese Gedanken haben sich an die Wahrnehmung der Dinge „angedockt“. Diese gedanklichen Vorstellungen wiederum sind je nach unserer personlichen Programmierung fest mit bestimmten Gefühlen verbunden.

Wenn wir großes Glück hatten, so ist unsere Programmierung stark überlebens- und praxisorientiert. In anderen Fällen haben wir viel reaktiven Ärger einprogrammiert, der unser Überleben keinesfalls sichert und darüber hinaus sogar kontraproduktiv ist.

Ein Beispiel: Ein Mann geht mit dem Messer auf Sie los. Guter Ärger: Sie wehren sich, schlagen den Kerl k.o., rennen weg oder rufen laut um Hilfe – je nach Situation.

Ein Autofahrer beschimpft Sie ungerechtfertigterweise: „Idiot, pass doch auf!“ Schlechter Ärger: Sie können keine der obigen Strategien anwenden, fressen den

Ärger in sich rein und tragen ihn den ganzen Tag mit sich herum.

Diese Beispiele zeigen nochmals die zwei Grundstrategien, wie wir mit Gefühlen umgehen: Ausdrücken und Unterdrücken.

Kollektive Gefühle
In der heutigen Zeit ist ein Effekt zu beobachten, der sicher tief greifende Veränderungen der kollektiven menschlichen Psyche zur Folge haben wird:
Millionen sehen im Fernsehen, wie die Türme des World Trade Centers zusammenstürzen. Sie spüren Trauer, Wut und Frustration: physiologische Energien, die aber nicht umgesetzt oder benutzt werden können, um das Überleben zu sichern – in diesem Fall ist das Überleben auch nicht bedroht. Also bringt der Ärger keinerlei Überlebensvorteil, sondern nur Nachteile. Aufgrund der Tatsache, dass die Menschen das auslösende Ereignis nicht nur in ihren Köpfen, sondern sogar in ihren Videogeräten beliebig oft wiederholen können, werden millionenfach physiologische Prozesse ausgelöst, deren Folgen nicht absehbar sind.

Die hier vorgestellten Methoden zeigen, wie wir mit unerwünschten und schädlichen Gefühlen umgehen können.

Ärger und Frustration sind nichts Negatives. Sie haben einen Sinn. Allerdings sind in unserer schnelllebigen Zeit manche biologisch sinnvollen Strategien des Organismus nicht mehr effektiv.

Die meisten unserer Gefühle sind zudem programmiert und werden nicht bewusst gesteuert. In unserem Gehirn haben sich feste Denkbahnen gebildet, die nicht immer vorteilhaft sind.

2.2 Warum ärgern wir uns?

Einfach ausgedrückt: Wir sind frustriert, wenn die Wirklichkeit nicht mit unseren Wunschvorstellungen übereinstimmt und wir das nicht in angemessener Zeit ändern können.
An sich ist der Prozess Wunsch-Wunscherfüllung im Menschen bestens geregelt. Wir haben Hunger, also essen wir. Wir frieren, also machen wir die Heizung an. Falls es die Heizung noch nicht gibt, bauen wir eine. Wir möchten fliegen, also bauen wir ein Flugzeug, falls es das noch nicht gibt. Ein Stein drückt in unserem Schuh, also bleiben wir stehen und nehmen ihn heraus. Wir möchten Klavier spielen lernen, also melden wir uns in der Musikschule an.
Frust entsteht dann, wenn Wünsche sich auf Dauer nicht erfüllen lassen. Wir haben dann die Wahl, ob wir geeignetere Wege suchen, um doch noch zum Ziel zu kommen (den Wunsch zu erfüllen) oder ob wir den Wunsch aufgeben. In beiden Fällen ist die Frustration kontraproduktiv.
Erkennen wir, dass etwas nicht zu ändern ist, können wir unseren Ärger leichter bearbeiten. Hierzu habe ich die verschiedenen Arten von unerfüllbaren und daher hoffnungslosen Wünschen – also potentiellen Anlässen zum Sich Ärgern – zusammengestellt.

Hoffnungslose Wünsche

1. Wünsche, die auf eklatanter Unwahrheit, falschen Prämissen basieren. Ein Zustand, der nicht besteht, kann nicht geändert werden. (Denken Sie daran, dass unser Körper *wörtlich* versteht – die Metaphern, die wir benutzen, haben Wirkungen, als ob wirklich passieren würde, was wir aussprechen, denken und uns vorstellen.)
   - *A. sollte mir nicht die Pistole auf die Brust setzen.*
   - *B. sollte nicht auf meinen Nerven herumtrampeln.*
   - *C. sollte mich nicht ins Messer laufen lassen.*
2. Wünsche, die biologische, physische oder psychologische Tatsachen negieren. Sie sind meist hoffnungslos, weil die Realität fast nie so ist, wie wir es uns in unseren Träumen ausmalen.
   - *D. sollte nicht lügen.*
   - *E. sollte nicht krank sein.*
3. Wünsche, die auf rigiden Mussvorstellungen beruhen. Sie erzeugen Druck und machen uns zum Opfer.
   - *Ich muss Geld verdienen.*
   - *Ich muss diese Prüfung bestehen.*
   - *Mein Kind muss ordentlich werden.*
4. Wünsche, die sich aus sachlichen Gründen im Moment nicht verwirklichen lassen.
   - *Ich sollte nicht im Stau stehen.*
   - *Das Haus sollte fertig sein.*
5. Wünsche, die die Vergangenheit ändern wollen oder die sich nur in der Zukunft erfüllen lassen.
   - *Ich hätte nicht nach Berlin ziehen sollen.*
   - *Ich sollte mein Studium längst beendet haben.*
   - *Ich hätte diesen Prozess gewinnen müssen.*

6. Wünsche, die sich zwar erfüllen ließen, wenn man die Voraussetzungen dafür schaffen würde, deren Verwirklichung aber unterbleibt. (Übrigens oft gerade deshalb, weil der Mensch sich im Ärger über den Ist-Zustand aufreibt und seine Kräfte verbraucht hat.)
   - *Ich sollte Urlaub machen.*
   - *Ich sollte kündigen.*
7. Wünsche, die sich an andere richten, die diese aber nicht erfüllen wollen oder können.
   - *F. sollte mir Geld leihen.*
   - *G. sollte mich anrufen.*
8. Wünsche, für deren Verwirklichung sich die gesamte Menschheit oder die globale Situation ändern müsste.
   - *Es sollte keine Kriege geben.*
   - *Es sollte keine Terroristen geben.*
9. Wünsche, in denen die Wörter wie *zu viel, mehr, größer, besser* etc. vorkommen. Sie sind niemals wirklich erfüllbar.
   - *Ich sollte mehr Geld haben.*
   - *H. sollte seine Arbeit besser machen.*

- ***Ärger lässt sich auf unerfüllte Wünsche zurückführen***
- ***Bei hoffnungslosen, nicht erfüllbaren Wünschen ist Ärger sinnlos***
- ***Die intellektuelle Erkenntnis, dass es sich um unerfüllbare Wünsche handelt, erleichtert uns das Akzeptieren dessen, was ist.***

3. Die zweite geniale Fragetechnik

Der amerikanische Theologe Reinhold Niebuhr formulierte einst seine berühmte Bitte um Gelassenheit folgendermaßen:

„Gib mir die Gelassenheit, Dinge hinzunehmen, die ich nicht ändern kann, den Mut, Dinge zu ändern, die ich ändern kann, und die Weisheit, das eine vom anderen zu unterscheiden."

Der Sinn dieses „Gebetes" leuchtet jedermann sofort ein, aber wie selten erfüllt es sich?
Wir ärgern uns allzu oft über Dinge, die wir offensichtlich nicht zu ändern vermögen und wir tun allzu oft nichts, wo wir etwas tun könnten.
Wäre es nicht hilfreich, wenn wir eine leicht auszuführende Technik hätten, um Gelassenheit, Mut und Weisheit aus eigener Kraft zu erlangen, anstatt nur darum zu bitten?
Wäre es nicht schön, wenn wir die Dinge, die uns ärgern oder frustrieren, zur Erlangung von mehr Gelassenheit, Mut und Weisheit benutzen könnten?

Der Weg zur Gelassenheit
In den fünfziger Jahren entdeckte der Psychologe Albert Ellis in der griechischen Stoa eine Methode, mit Ärger umzugehen, die er zu einer an den Sokratischen Dialog erinnernden Disputationstechnik verfeinerte. Die Amerikanerin Byron Katie Mitchell übernahm diese Fragetechnik und fügte zwei Zutaten hinzu.
Seitdem hat sie eine große Zahl von Menschen in kürzester Zeit befähigt, Ärger nicht nur vollständig aus ihrem Leben zu eliminieren, sondern gegebene Anlässe

zum Ärgern vorteilhaft zum geistigen Wachstum einzusetzen.

Die Technik lässt sich in wenigen Minuten erklären und erlernen. Ihre Wirkung beruht ausschließlich auf einer kontinuierlichen und situationsgemäßen Anwendung. Erfolge sind sofort erziel- und messbar.
Gleichzeitig vermittelt die Anwendung der Methode wertvolle Erkenntnisse über die Wirkungsweise unseres Denkens.

Die entspannende und positive Wirkung entsteht jedoch einzig im Prozess des Fragens. Nach einiger Zeit verselbständigt sich einerseits der Prozess und benötigt keine bewusste Steuerung mehr, andererseits vermindert sich die Zahl der auslösenden Ereignisse automatisch, da eine positivere Grundhaltung sich günstig auf unsere Umwelt auswirkt. Wenden Sie die Methode an und ich garantiere Ihnen, dass Sie gelassener werden, Ihre Kräfte für die Wandlung des Veränderbaren sich steigern und dass Ihre Weisheit und Ihr Mut zunehmen werden.

3.1 Stau im Denken

Bevor ich die Methode erkläre, hier ein Beispiel:
Wenn ich zu meinen Seminaren fahre, gerate ich sehr häufig in Staus und habe Gelegenheit, die Fragen anzuwenden. Meine Aussage lautet:

Ich sollte jetzt nicht im Stau stehen!

Jetzt stelle ich mir die fett gedruckten Fragen:

In wessen Macht steht, ob ich im Stau stehe oder nicht?
Im Augenblick steht es nicht in meiner Macht, offensichtlich.

Ich sollte jetzt nicht im Stau stehen!
Ist es wahr? Wie ist die Realität?
Die Realität sieht anders aus als ich es mir wünsche: Ich stehe im Stau. Mein Wunsch und die Realität widersprechen sich eklatant. Die Vorstellung in meinem Kopf, nach der ich ungehindert mit 120 Sachen dahin rase, widerspricht der Wirklichkeit, sie ist unwahr.

Ich sollte jetzt nicht im Stau stehen!
Kann ich wirklich wissen, dass es besser wäre, wenn ich nicht im Stau stünde?
Ich meine zu wissen, dass es besser für mich und die Seminarteilnehmer wäre, wenn ich pünktlich erscheinen würde. Aber ich muss zugeben: Hundertprozentig wissen kann ich es nicht. Wenn ich hier nicht stünde, wäre ich vielleicht derjenige, der den Stau ausgelöst hat.

Ich sollte jetzt nicht im Stau stehen!
Was habe ich von dem Gedanken? Wie reagiere ich, wenn ich das denke?
Ich bin frustriert, angespannt, mache mir Sorgen aller Art, bin muffig zu meiner Freundin. Löst sich der Stau durch meine Gedankengänge auf? Keineswegs!

Ich sollte jetzt nicht im Stau stehen!
Wie würde ich mich fühlen, wenn ich das nicht denken würde, rein theoretisch?
Ich würde meine Freundin küssen und mich sehr gut fühlen. Im Grunde ist alles in bester Ordnung: Ich sitze auf weichen Polstern, höre Musik, bin mit meiner Liebsten in einer Art Kurzurlaub, es gibt sonst nichts zu tun. Genügend Zeit die herrliche Landschaft zu bewundern oder die Mäuse auf dem Mittelstreifen. Und schaue ich mich weiter um, dann staune ich, wie die Dame im Mercedes rechts neben uns in der Nase bohrt ...

Ich sollte jetzt nicht im Stau stehen!
Wie lauten die Umwandlungen?
Ich sollte im Stau stehen! – Das ist die Realität! Sie ist stets wahrer als meine Gedanken.
Mein Denken sollte nicht im Stau stehen! – Ärgere ich mich im Verkehrsstau, gerät mein Denken in einen Denkstau.

3.2 Verurteilen Sie hart – aber nur auf dem Papier

Nehmen Sie die Ärgerliste von Seite 14 zur Hand oder stellen Sie eine neue Liste zusammen.
Formen Sie die Stichworte zu klaren Aussagen um! Halten Sie sich möglichst knapp, verurteilen Sie hart, und drücken Sie konkret aus, was Sie sich wünschen, worauf Sie ein Recht haben und was man Ihnen gefälligst

schuldet! Es ist von Vorteil, wenn die Sätze mit „ … sollte …“ anfangen – das ist kein Muss, aber es erleichtert besonders zu Anfang die Untersuchung Ihrer Aussagen mit den Fragen der Methode.

Zum Beispiel:
Krankheit: Ich sollte jetzt keine Grippe bekommen.
Sperrmüll im Wald: Menschen sollten keine Kühlschränke in den Wald werfen.
Belogen werden: Klaus hätte mich nicht anlügen dürfen.
Unordnung: Maria sollte ihr Zimmer aufräumen.

Was haben alle Punkte auf der Liste gemeinsam? Es geht nicht so zu, wie wir es uns wünschen!!
Wir ärgern uns oder sind frustriert, wenn die Vorstellungen, die wir im Kopf haben, nicht mit dem übereinstimmen, was wir in unserer Umwelt wahrnehmen.

Haben Sie die Sätze aufgeschrieben? Versuchen Sie jetzt, die Methode anzuwenden. Nehmen Sie sich einen der Sätze vor und stellen Sie jede einzelne der folgenden Fragen nacheinander:

- **In wessen Macht steht es?**
- Ist es wahr? Wie ist die Wirklichkeit?
- **Kann ich es wirklich wissen?**
- Kann ich wirklich wissen, dass es für mich besser wäre, wenn meine Vorstellung wahr würde?
- Kann ich wirklich wissen, dass es für den/die Anderen besser wäre, wenn meine Vorstellung wahr würde?
- Auf lange Sicht?

- **Was habe ich davon, dass ich denke, meine Wunschvorstellung sollte wahr werden und dann sehe ich die Wirklichkeit?**
- Wie fühle ich mich? Wie behandle ich mich und den/die Anderen?
- **Wie würde ich mich fühlen, wenn ich nicht an dieser Vorstellung festhalten würde?**
- **Wie lauten die Umwandlungen?**

Die Fragen beziehen sich immer auf Ihre ursprüngliche Aussage, nicht auf die vorhergehende Antwort.

Untersuchen Sie alle aufgeschriebenen Sätze, indem Sie sie jeweils mit allen Fragen nacheinander „bearbeiten". (Die Hauptfragen sind fett gedruckt.)

Die Technik der Umwandlungen behandle ich weiter unten. Versuchen Sie hier lediglich, die Sätze einfach ins Gegenteil zu kehren und prüfen Sie, ob Ihre Aussagen dadurch wahrer werden oder zumindest ebenso wahr erscheinen.

3.3 Der alltägliche Ärger über Personen, Sachen und Situationen

Ärgern Sie sich aktuell über eine Person oder Sache, können Sie den zugrunde liegenden Wunsch aufschreiben.

Beispiel:
Michael sollte mir endlich schreiben.

In wessen Macht steht das?
Offensichtlich steht es in Michaels Macht, ob und wann er mir schreibt.

Michael sollte mir endlich schreiben.
Ist es wahr?
Es ist wahr, dass ich mir das wünsche. Aber wie ist die wirkliche Wirklichkeit? Michael schreibt mir nicht. Er weiß es, ich weiß es. Mein Briefkasten und meine Mailbox enthalten keine Nachricht von ihm. Das ist die Wahrheit. Punkt.

Michael sollte mir endlich schreiben.
Kann ich es wirklich wissen (dass er mir nicht geschrieben hat)?
Wenn ich darüber nachdenke, fällt mir ein, dass es natürlich sein kann, dass er mir geschrieben hat. Jedoch ist sein Schreiben nicht angekommen.

Kann ich wirklich wissen, dass es besser für MICH wäre, er hätte geschrieben?
Das denke ich, kann es aber nicht hundertprozentig wissen. Auf lange Sicht schon gar nicht.

Kann ich wirklich wissen, dass es besser für IHN wäre, er hätte geschrieben?
Das denke ich. Ich kann es aber nicht hundertprozentig wissen. Da er nicht geschrieben hat, scheint er anderer Meinung zu sein.

Was habe ich davon? Wie fühle ich mich, wenn ich denke, er sollte geschrieben haben und ich sehe weder E-Mail noch Brief?

Ich bin frustriert. Ich ärgere mich. Ich denke schlecht über ihn. Ich denke über diese Missachtung und ihre Folgen nach und beschäftige mich nicht mit meinen eigentlichen Aufgaben. In dem Moment behandle ich in Gedanken nicht nur meinen Freund Michael schlecht, sondern auch mich selbst!

Michael sollte mir endlich schreiben.
Wie wäre es, wenn ich über diese Sache gar nichts denken könnte oder würde, rein theoretisch?
Ich würde mich nicht ärgern. Ich könnte mich voll und ganz auf meine Arbeit konzentrieren. Ich würde Michael vielleicht freundlich darauf aufmerksam machen, dass mir der schriftliche Austausch mit ihm fehlt.

Wie lauten die Umwandlungen? Wie muss ich meine Überzeugung ändern, damit sie mehr der Realität entspricht, oder damit ich einen Hinweis auf eine bessere Strategie erhalte?
Er sollte mir NICHT schreiben. – Das ist wahrer als der Traum in meinem Kopf.
Ich sollte IHM schreiben. – Das wäre eine gute Idee.
Ich sollte MIR schreiben. – Jawohl, indem ich zum Beispiel jetzt über diesen Vorfall schreibe und ihn benutze, um zu lernen und mich besser zu fühlen.

3.4 Die Technik der Umwandlungen

Es gibt stets mehrere Möglichkeiten, einen Satz umzuwandeln. Nicht alle ergeben Sinn. Prüfen Sie stets mit dem Herzen, welche Umwandlung bei Ihnen „Klick“ macht.

1. Ist das Gegenteil wahrer?
Sie nehmen das Gegenteil Ihrer Aussage und prüfen, ob die Aussage dadurch wahrer wird.

Beispiel: Aus *Michael sollte mir endlich schreiben* wird *Michael sollte mir NICHT schreiben.* Warum?

Weil es einfach mehr der Wahrheit entspricht, dass Menschen nur das machen, wozu sie bereit sind. *Michael sollte mir endlich schreiben* ist ein frommer Wunsch, der nur auf einem weltfernen Planeten wahr wird. Nehme ich die Realität an, wie sie ist, befinde ich mich auf dem richtigen Weg zur Weisheit.

2. Sich selbst einsetzen?
Sie setzen sich ein, wo der Andere steht und prüfen, ob die Aussage dadurch wahrer wird.

Beispiel: Aus *Martin sollte toleranter sein* wird *ICH sollte toleranter sein!* Warum?

Nur ich selbst kann diese Sache vorleben. Es ist mein Wunsch, dass Menschen toleranter sein sollen. Bei mir selbst kann ich es wirklich wahr machen. Ich werde weiser, wenn ich einsehe, dass nur ich sofort anfangen kann, das Wünschenswerte vorzuleben.

3. Vertauschung
Sie setzen sich ein, wo der Andere steht und den Anderen an die Stelle, an der Sie stehen. (Diese Umwandlung funktioniert nur, wenn ich und eine andere Person oder Sache in der Aussage vorkommen.)

Beispiel: Aus *Michael sollte mir endlich schreiben* wird *ICH sollte Michael endlich schreiben.*
Warum ist das vielleicht wahrer?

Weil ich handeln könnte! Wenn ich Kommunikation will, sollte ich möglicherweise selbst damit anfangen, anstatt sie von Anderen zu fordern.

4. Sein Denken einsetzen

Dies ist die kreativste Art, Umwandlungen zu erzeugen. Sie ist besonders sinnvoll, wenn Sie die Methode auf Situationen, Institutionen, Gegenstände anwenden. Erinnern Sie sich bitte daran, dass mit „mein Denken" das automatische Denken gemeint ist.

Aus: *Handys sollten nicht laut klingeln!* wird *Mein Denken sollte nicht laut klingeln!*
Aus: *Das Hotelzimmer ist verschmutzt!* wird *Mein Denken ist verschmutzt!*
Aus: *Ich bin dem System ausgeliefert!* wird *Ich bin meinem Denken ausgeliefert!*

Sie können an den Beispielen in diesem Büchlein sehen, dass es oft noch weitere Umwandlungsmöglichkeiten gibt. Seien Sie kreativ und finden Sie heraus, was Ihnen die Person oder die Situation beibringen möchte.

Umwandlungen funktionieren situationsbedingt

Die Umwandlungen beziehen sich zumeist lediglich auf die Situation, die Sie gerade untersuchen. Beispiel: Sie ärgern sich über einen Menschen, der intolerant ist. Die

Umwandlung lautet: *Ich sollte nicht intolerant sein!* Da Sie normalerweise sehr tolerant sind, denken Sie, die Umwandlung träfe auf Sie nicht zu. Die Wirklichkeit ist jedoch, dass Sie in diesem speziellen Fall eben auch intolerant sind. Schließlich ist es intolerant, anderen Menschen vorzuschreiben, wie sie zu denken haben. Das gleiche Prinzip gilt bei Unhöflichkeit, Respektlosigkeit und so weiter.

Umwandlungen funktionieren im übertragenen Sinn

Oft treffen die Umwandlungen nur im übertragenen Sinne zu. Sie ärgern sich über einen Raucher an Ihrem Arbeitsplatz: *Kollege B. sollte nicht rauchen!* Umwandlung: Ich sollte nicht rauchen. Sind Sie Nichtraucher, dann denken Sie, die Umwandlung träfe nicht zu. Doch ist es nicht so, dass Ihnen der Kopf raucht mit schlimmen Gedanken über den Raucher? Wie er sich und Ihnen schadet?

Die Methode anzuwenden, heißt nicht, dass Sie sich nicht beschweren können oder sollen. Ihre Erfolgsaussichten werden sich aber auf jeden Fall ohne Ärger erheblich verbessern!

Ein weiteres Beispiel: *K. sollte sich nicht betrinken.* Da Sie selbst keinen Alkohol trinken, denken Sie, die Umwandlung *Ich sollte mich nicht betrinken* träfe auf Sie nicht zu. Jedoch könnte es sein, dass Sie mit den schlimmen Gedanken über K. so trunken sind, dass sich in Ihrem Kopf alles nur um diese Sache dreht.

Manchmal sehen wir es im Fernsehen: Menschen, denen Schlimmes angetan wurde, behandeln sich selbst noch viel schlechter. Ein wahrscheinlich kranker Mann quält und ermordet ein Kind. Für die Eltern ist dies sicherlich die schrecklichste Erfahrung, die man sich vorstellen kann. Wenn sie sich aber bis an ihr Lebensende im Geist damit beschäftigen, quälen sie sich selbst noch viel schlimmer und nachhaltiger, als ein Mörder es je könnte. Wenn diese Eltern sich wegen schleppender Ermittlungen, unfähiger Justiz, der zu laschen Verurteilung des Mörders zermartern, ist dies nicht schleichender Selbstmord? Ganz zu schweigen von dem Leiden, das über weitere Familienmitglieder kommt, wenn Eltern an nichts anderes mehr denken als an die Qual, die Suche nach dem Mörder und seine Verurteilung? Natürlich kann oder will man den Verlust eines Kindes nicht einfach vergessen. Aber mir sind Menschen begegnet, die sich mit Hilfe der hier vorgestellten Methode an ähnliche schlimme Erlebnisse nur mehr abstrakt erinnerten. Ihre negativen Gefühle waren verschwunden. Allerdings müssen die Fragen in einem solchen Fall sicherlich sehr oft angewendet werden – immer dann nämlich, wenn man sich schaudernd an das Ereignis erinnert.

Umwandlung paradox

Eine Frau wird ständig von ihrem Lebensgefährten angeschrien. Ihre Aussage: „Er sollte mich nicht anschreien“ könnte umgedreht werden zu „Ich sollte ihn mal anschreien!“

An diesem Beispiel erkennen Sie, dass hinter der Technik der Umwandlung keine starre Philosophie steckt, wie „Die Welt ist unser Spiegel, wir sind es immer selber“ und dergleichen. Lassen Sie Ihr Denkmuster frei spielen und Ihr Herz entscheiden, was für Sie einen Sinn ergibt. Bleiben Sie grammatikalisch stets dicht an Ihrem ursprünglichen Satz.

Die Umwandlungen müssen oder sollen nicht gelebt werden. Sie geben uns lediglich Hinweise, was wir ändern könnten, um uns besser zu fühlen. Nehmen Sie die Umwandlungen als Rezeptvorschläge an – was Sie verwirklichen, liegt vollständig bei Ihnen.

- *Die Umwandlungen lehren uns, wie wir leben sollten.*
- *Sie geben uns Hinweise auf Lösungsmöglichkeiten.*
- *Sie erläutern die Spiegelfunktion der Welt.*
- *Prüfen Sie jede grammatikalisch mögliche Umwandlung und akzeptieren Sie nur die, die Ihnen einleuchten.*

3.5 Das „Beschwerdeformular"

Auch für diese Methode bringe ich ein „Beschwerdeformular". Schreiben Sie einfache Sätze. Die ersten Male schreiben Sie bitte nicht über sich selbst, weil die Methode mit nach außen gerichtetem Ärger leichter zu erlernen ist. (Wenn Sie mehr Erfahrung haben, werden Sie auch Ärger über sich selbst leicht bearbeiten können.) Nehmen Sie sich zunächst eine bestimmte Person, eine Institution oder eine Situation vor. Formulieren Sie am besten mit „sollte", „muss", „müsste eigentlich". Diese Art der Formulierung erleichtert den Anfang ebenfalls. Versetzen Sie sich in ein quengeliges Kind, das seinen Willen durchsetzen will.

Ich ärgere mich, weil ich denke
__________ (Name) sollte
____
____

Ich bin weiterhin frustriert, weil ich denke
__________ müsste eigentlich
____
____

Es bringt mich ziemlich in Rage, da ich denke
__________ hat gefälligst zu
____
____

Ich bin der Überzeugung, es wäre besser, wenn
__________ sich folgendermaßen ändern würde.
__________ sollte
____
____

Mir fällt dazu noch Folgendes ein:
____
____

Dies war die Vorbereitung, Sie haben aufgeschrieben, was Ihnen durch den Kopf geht. Beachten Sie bitte: Es sind diese Gedanken, die Ihnen in Wirklichkeit den Ärger bereiten, nicht etwa die Person oder Situation. Wenn Sie nicht an die Person oder Situation denken, verspüren Sie auch keinen Kummer, richtig? Wenn Sie die Person oder Situation gar nicht wahrnehmen, ärgern Sie sich auch nicht, richtig?

Untersuchen Sie nun die aufgeschriebenen Gedanken mit Hilfe der Fragetechnik. Und zwar jeden Gedanken einzeln mit jeder Frage der Technik. Verwenden Sie die Fragen auf Seite 37/38.

Hier ein ausgefülltes „Beschwerdeformular“ aus meiner Praxis, dessen ersten Satz ich weiter oben schon bearbeitet habe:

Ich ärgere mich, weil ich denke:
Michael sollte mir endlich schreiben.
Ich bin weiterhin frustriert, weil ich denke:
Michael müsste eigentlich wissen, dass sein Schweigen ein Zeichen von Missachtung ist.
Es bringt mich ziemlich in Rage, da ich denke:
Michael hat mir gefälligst Beachtung zu schenken.
Ich bin der Überzeugung, es wäre besser, wenn Michael sich folgendermaßen ändern würde:
Er sollte höflicher sein.
Mir fällt dazu noch folgendes ein:
Er will mich ärgern.
Es wäre besser für alle Beteiligten, wenn er sich endlich festlegen würde.
Unsere Freundschaft ist ernsthaft gefährdet, da er nicht reagiert.

3.6 Warum es funktioniert

„In wessen Macht steht das?“
Die Antwort auf diese Frage zeigt mir, dass ich mich geistig in fremden Machtbereichen aufhalte. Ich weiß

von mir selbst, dass es absolut in meiner Macht steht, über mein Tun und Lassen zu bestimmen. Daher ist mir klar, dass ich mit dem Kopf gegen die Wand renne, wenn ich Andere zu etwas bringen will, das diese nicht wollen oder können.
Der griechische Philosoph Epiktet schrieb vor fast 2000 Jahren in seinem „Handbüchlein der Moral“:
„In unserer Macht steht unser Denken, unser Tun, unser Begehren, unsere Abneigung, kurz: alles, was von uns selber kommt. Nicht in unserer Macht steht unser Leib, unsere Habe, unser Ansehen, unsere äußere Stellung – mit einem Wort, alles was nicht von uns selber kommt.“

„Ist es wahr?“

Die Frage setzt eine unbewusste Suche in meinen Gehirnzellen in Gang. Ich öffne mich für die Problematik, die vorher mehr oder minder unbewusst in mir arbeitete. Oft findet sich in dieser Phase schon eine Lösung. Mir wird klar, dass es gar nicht so schlimm ist, was da passiert, oder dass schon die Prämissen nicht stimmen. Sehr oft wird mir der Widerspruch zwischen meinen Wünschen und der Realität bewusst. Die Frage nach Wahrheit bringt mich weg von meinen kindischen Wünschen und trägt mich in die Wirklichkeit.

> **Wichtig:** „Wahr“ im Sinne der Methode wird nicht philosophisch, künstlerisch oder religiös verstanden. Es bedeutet, dass in der Wirklichkeit eine Entsprechung für diese Sache existiert.

Untersuchen Sie jedes einzelne Wort in Ihrem Denkmuster und fragen Sie sich: Gibt es das überhaupt, was

ich mir da wünsche? Existiert das, von dem ich denke, es sollte sich ändern, wirklich? Oder habe ich es lediglich mit abstrakten Vorstellungen zu tun?
Jemand wünscht sich eine perfekte Ehe oder beklagt Probleme in der Partnerschaft.
Untersuchen Sie mit den Fragen der Technik, ob es Perfektion überhaupt geben kann. Und gibt es die „Ehe“ überhaupt? Gibt es „Partnerschaft“? Gibt es „Probleme“?

Sie können die Frage „Ist es wahr?“ abwandeln, indem Sie fragen: „Was sieht eine Kamera?“

Sie werden feststellen, dass es „die Ehe“ nicht wirklich gibt. Wir haben lediglich ein Bündel von Vorstellungen über die Ehe. Diese manifestieren sich zum Beispiel als schwarze Schrift auf weißem Papier (Akten auf Standesamt) oder als „Mann und Frau, nebeneinander schlafend“ und dergleichen. Zu einem gegebenen Zeitpunkt ergibt sich eine bestimmte Anordnung von Körpern, Atomen, Molekülen und so weiter. Das Syndrom „Ehe“ stellt sich als Konglomerat von gedanklichen Konstruktionen heraus, die wenig mit dem zu tun haben, was gerade im Hier und Jetzt passiert.

Und gibt es „Probleme“? Was sieht eine Kamera? Stets wieder nur Körper, Atome, Moleküle, die auf eine gewisse Weise angeordnet sind. Das wirkliche Problem haben wir lediglich im Denken.
Wenn ein Wissenschaftler mit „Problemen“ konfrontiert ist, registriert er die Fakten und überlegt, wie er seine Versuchsanordnung verändern kann, damit sich

die Fakten nach seinen Wünschen ändern. Indem Sie die Methode anwenden, tun Sie Ähnliches.

In meinem Buch „Der Wahrheit ist es egal wo du sie findest“, habe ich 144 beispielhafte Untersuchungen – von A wie Aberglaube bis Z wie Zukunft – gesammelt, in denen ich häufig die Prämissen der Glaubenssätze untersuche. Es stellt sich als stets schmerzhaft heraus, seine Denkmuster auf Begriffen aufzubauen, die keine Entsprechung in der Wirklichkeit haben, sondern auf individuellen oder kollektiven Vorstellungen beruhen. Warum das so ist? Weil ein Problem, das es nicht wirklich gibt, kaum zu lösen sein dürfte.

Wir benutzen Metaphern in unserer Kommunikation – auch mit uns selbst.

„Man hat mich beschissen!“
„Mein Chef ist ein Arschloch!“
„Die Kinder trampeln auf meinen Nerven rum!“

Diese Aussagen sind nicht wahr, sondern bildliche Ausdrücke. Mein Körper, die Zellen meines Körpers, verstehen diese aber wörtlich und daher kommt mein schlechtes Gefühl. Ich behaupte nicht, dass solche Ausdrücke nicht angewandt werden dürfen – alles Sprechen beruht letzten Endes auf bildlichen Vorstellungen. Machen wir uns aber nicht bewusst, dass es sich um bildliche Ausdrücke handelt, dann senden wir unserem Körper Signale, die uns nicht nur nicht nützen, sondern schaden.
Die Frage „Ist es wahr?“ hilft unter anderem, solche schmerzhaften Denkmuster zu entschärfen.

„Kann ich es wirklich wissen?"
Die Antwort auf diese Frage zeigt mir unter Umständen, dass ich gar nicht so hundertprozentig weiß, ob K. mich betrogen hat, L. gelogen hat oder was M. genau denkt.
Wenn ich hundertprozentig zu wissen glaube, was besser für die Wirklichkeit, für die Welt wäre, stelle ich mich dann nicht auf ein ziemlich hohes Podest? Ist es nicht sehr anstrengend, die Gesetzestafeln hochzuhalten, auf denen steht: „Du sollst nicht lügen!", „Du sollst nicht stehlen!"
Wenn Sie sich die Unterfrage stellen: „Kann ich wissen, dass es für mich besser wäre ...", dann wird Ihnen vielleicht klar, dass man vieles auf lange Sicht nicht wissen kann. So viel scheinbar Schlechtes hat sich im Nachhinein als gut herausgestellt.
Die zweite Unterfrage: „Kann ich wissen, dass es für die Anderen besser wäre ..." hat mir persönlich immer wieder gezeigt, wie egoistisch ich bin, wenn ich alles immer nur von meinem Standpunkt aus betrachte. Sie hat mir klargemacht: Die Welt beruht darauf, dass wir unsere so genannten „Probleme" haben. Der Arzt lebt von meinen Krankheiten, der Anwalt von meinen Rechtsstreitigkeiten, der Gemüsehändler von meinem Hunger, der Steuerberater von meiner Unfähigkeit auf diesem Gebiet. Richter, Polizisten, Gefängniswärter leben vom Verbrechen. Journalisten leben von Unglücksfällen und unfähigen Politikern, Bestatter vom Tod. Ich lebe davon, dass sich Menschen ärgern. Denken Sie dies zu Ende und Ihnen wird klar, dass jeder in dieser Gesellschaft nur deshalb existieren kann, weil es scheinbar unangenehme „Probleme" auf der Welt gibt.

*Wir ordnen uns selbst und unsere Gedanken in den größeren Zusammenhang ein, wenn wir die Frage „Kann ich es wirklich wissen?" beantworten.
Wir verlassen unseren egoistischen kleinen Standpunkt und sehen den Vorgang von einer höheren Warte aus: zeitlich, räumlich, menschlich.*

„Was habe ich davon, wie fühle ich mich, wenn ich das denke?"
Die Antwort auf diese Frage zeigt mir deutlich, welche Gefühle der betreffende Gedanke in mir auslöst. Ich spüre den Frust, den Ärger, selbst wenn ich das im Augenblick nicht als vordergründigen Schmerz oder als Anspannung empfinde – mein Körper fühlt es genau. Mit entsprechenden Messgeräten könnte man sehen, dass ich gerade an diese unangenehme Sache denke.
Es dürfte Ihnen sehr schwer fallen, etwas Positives zu finden, wenn Sie sich dieser Frage stellen. Glauben Sie, etwas gefunden zu haben? Fragen Sie sich, ob es wirklich stressfrei ist!
Mir macht die Beantwortung dieser Frage stets klar, dass es ohne Ausnahme mein Denken ist, das mir die schlechten Gefühle verursacht. Nicht die Person, Situation oder Sache.

„Nicht die Dinge selbst beunruhigen die Menschen, sondern die Vorstellungen von den Dingen" sagt Epiktet.

„Wie würde ich mich fühlen, wenn ich gar nichts darüber denken würde, rein theoretisch?"
Die Antwort auf diese Frage bringt mich dazu, mir vorzustellen, wie es ohne den frustrierenden Gedanken

wäre. Mein Körper entspannt sich, der Atem wird ruhiger, die Wahrnehmung verstärkt sich, ich komme ins Hier und Jetzt. Wenn Sie das beim Stellen der Fragen nicht deutlich spüren oder wenn Sie Probleme haben, sich die gelöste Situation vorzustellen – Ihr Körper spürt die Erleichterung. Schon C.G. Jung hat solche Messungen gemacht – er stellte fest, dass der Hautwiderstand sich beim Hören bestimmter Wörter veränderte. Den Versuchspersonen war die Veränderung jedoch gar nicht bewusst.

Denken Sie daran, dass Sie nicht gebeten werden, in der betreffenden Situation nichts mehr zu denken. Die Frage ist rein theoretisch. Wichtig ist lediglich die Vorstellung davon, welche Auswirkungen es auf Sie hätte, wenn Sie *theoretisch* nichts mehr darüber denken würden.
Sie können die Frage auch abwandeln.
Die folgenden Beispiele für Abwandlungen verdeutlichen, worauf ich hinaus will, wenn ich meine, die Frage sei theoretisch:

- Was würde eine Kamera sehen?
- Wie würde ich mich fühlen, wenn dieser Hirnteil, der sich an diese schlimme Sache erinnert, herausoperiert würde?
- Wie würde ich mich fühlen, wenn ich diese Sache aus einem zeitlichen Abstand von tausend Jahren sehen würde?
- Wie würde ich mich fühlen, wenn ich diese Sache vom Mond aus betrachten würde?

- Wie würde ich mich fühlen, wenn ich diese Sache wie in einem Fernsehspiel beobachten würde?
- Wie würde ich mich fühlen, wenn ich diese Sache im Angesicht des herannahenden Todes betrachten würde?
- Wie würde ich mich fühlen, wenn ich diese Sache wie eine Katze betrachten würde?
- Wie würde ich mich fühlen, wenn ich diese Sache aus der Sicht eines Babys betrachten würde?
- Wie würde ich mich fühlen, wenn ich taub wäre?
- Wie würde ich mich fühlen, wenn ich blind wäre?

Nehmen wir an, die frustrierende Situation wiederholt sich. Es gibt einen weiteren Effekt, wenn Sie sich diese Frage gestellt und beantwortet haben: Wenn Sie wieder an die ärgerliche Angelegenheit denken, erinnert sich der Körper an die Gefühle, die die Beantwortung der Frage *Wie würde ich mich fühlen, wenn ich gar nicht darüber denken würde?* auslöste.
Ich bin sicher, der Körper erinnert sich lieber an Positives, als an Negatives. Er **möchte** sich gut fühlen.

Wenn Sie eine schlimme Situation nicht abstellen können, macht es keinen Sinn, darüber nachzudenken, denn Ihr negatives Gefühl kommt überwiegend von diesem Nachdenken!

Viele negative Gefühle entstehen überhaupt nur auf Grund der Tatsache, dass Sie sich dafür programmiert haben, ein bestimmtes auslösendes Ereignis mit dem negativen Gefühl zu verbinden.

Positive Selbstprogrammierung
Durch die Anwendung der Methode benutzen Sie exakt diesen Mechanismus, indem Sie jetzt im Gegenteil positive Gefühle mit dem auslösenden Ereignis verbinden. Jedes Mal, wenn Sie die Methode anwenden, verstärken Sie diesen Effekt. Sie überleben besser, wenn Sie sich wohler und glücklicher fühlen.
Benutzen Sie in Zukunft das auslösende Ereignis, um sich an die anstehende Umprogrammierung zu erinnern. Ich garantiere Ihnen, dass Sie früher oder später zu einem Punkt kommen, wo Sie **nur noch registrieren**, dass Sie sich früher einmal über diese Sache ärgerten.

Sie nehmen die Dinge ohne Emotionen oder sogar mit Freude zur Kenntnis, ziehen Konsequenzen, wenn Sie können und/oder wollen.
Ihr Partner schreit Sie an, Ihr Kind schmeißt sich auf den Boden, Ihr Banker hebt die Augenbrauen – Sie freuen sich, dass Sie von lebendigen Menschen umgeben sind. Dass Sie nicht auf dem Friedhof liegen, wo alles ruhig ist, seine Ordnung hat und alle Menschen und Institutionen sich gesittet benehmen.

- Ohne Ärger behalten Sie den Überblick
- Ohne Ärger schaffen Sie sich nicht unnötig Feinde
- Ohne Ärger haben Sie möglicherweise sogar Spaß daran, das Problem zu lösen

Meinen Sie, Sie benötigen den Ärger als Antrieb? Dann können Sie immer wieder zu Ihrer alten Strategie zurückkehren. Und wenn Sie meinen, Ärger wirkt bei Ihren Kindern, Kollegen oder Angestellten – Ärger kann auch gespielt werden. Das macht sogar Spaß und schadet nicht der Gesundheit.

Wenn Sie die Methode anwenden, programmieren Sie sich um. Ähnliche Techniken kennt man auch aus dem NLP (neuro-linguistisches Programmieren). Es ist nichts vollständig Neues und ganz leicht und elegant anzuwenden. Jeder kann es sofort tun.

Die Antwort auf die Frage

- *„In wessen Macht steht das?" zeigt Ihnen, ob Ihr Wunsch hoffnungslos ist oder nicht*
- *„Ist es wahr?" zeigt Ihnen die Wirklichkeit*
- *„Kann ich es wirklich wissen?" lockert Ihre bisherigen Denkgewohnheiten auf*
- *„Was habe ich davon, wenn ich das denke?" zeigt Ihnen, wie Sie leiden, wenn Sie an dieser Sache festhalten*
- *„Wer wäre ich, wenn ich das nicht denken würde?" zeigt Ihnen, wie Sie sich fühlen könnten, wenn Sie dieses Denken loslassen würden.*

4. Beispiele

Ich selbst habe die Methode hauptsächlich dadurch erlernt, indem ich Anderen zuhörte und dabei beobachtete, wie sie sie anwandten. Wenn wir hören und sehen, was Andere tun, können wir sehr schnell und zielsicher beurteilen, was sie falsch und was sie richtig machen. Ich habe deshalb einige typische Beispiele aus meinen Seminaren ausgesucht, an denen Sie die Fragetechnik studieren können.

Bedenken Sie beim Lesen bitte, dass die letztendliche Wirkung nicht durch intellektuelle Erkenntnis hervorgerufen wird, sondern dadurch, dass man sich die Fragen stellt oder stellen lässt und sie dann ehrlich beantwortet. Der Philosoph Martin Heidegger hat einmal gesagt: „Fragen ist die Frömmigkeit des Denkens“. Ich füge hinzu: Die eigenen Antworten schenken Vergebung und Seelenheil.

4.1 Mein Mann sollte mir zuhören

In wessen Macht steht es?

Es steht in seiner Macht, ob er mir zuhört oder nicht.

Ist es wahr? Wie ist die Wirklichkeit?

Er hört mir meistens nicht zu.

Kann ich es wirklich wissen?

Ich kann nicht wirklich wissen, ob er mir zuhört oder nicht.

Kann ich wirklich wissen, dass es für mich besser wäre, wenn meine Vorstellung wahr würde?

Ich kann auch nicht wissen, ob es besser für mich wäre, wenn er immer zuhören würde.

Kann ich wirklich wissen, dass es für den/die Anderen besser wäre, wenn meine Vorstellung wahr würde?
Ob es für ihn besser wäre? Ich kann es nicht wirklich wissen. Wahrscheinlich wäre es für ihn nicht besser, sonst würde er zuhören, denn er ist schlau genug zu wissen, was gut für ihn ist.
Auf lange Sicht?
Auf lange Sicht weiß ich gar nichts.
Was habe ich davon, dass ich denke, meine Wunschvorstellung sollte wahr werden und dann sehe ich die Wirklichkeit?
Ich bin böse. Denke, ich habe mir den Falschen ausgesucht. Ich habe schlechte Laune. Am Liebsten möchte ich ihn rütteln und schütteln.
Wie fühle ich mich? Wie behandle ich mich und den/die Anderen?
Ich ärgere mich, fühle mich schlecht. Behandle mich und ihn schlecht.
Wie würde ich mich fühlen, wenn ich nicht an dieser Vorstellung festhalten würde?
Frei, ruhig und gelassen. Ich würde mich auf meine Sachen konzentrieren. Ich könnte ihn trotzdem liebevoll behandeln. Ich würde mich selbst auf jeden Fall liebevoll behandeln.
Wie lauten die Umwandlungen?
Er sollte mir nicht zuhören. – Weil er es nicht tut.
Ich sollte mir zuhören. – Indem ich endlich beherzige, was ich mir vornehme.
Ich sollte ihm zuhören. – Das tue ich nämlich auch nicht.

Ich sollte meinem Denken nicht zuhören. – Das mir zum Beispiel einflüstert, ich müsse mich dafür rächen, dass er mir nicht zuhört.

Das Beispiel steht stellvertretend für die Untersuchung über schreiende Männer, Männer die nicht reden wollen, die fremdgehen oder gar ihre Frauen verlassen, geizige, verschwenderische Männer, Männer die machen, was sie wollen.
Ich hätte genauso gut ein Beispiel aus den folgenden Bereichen nehmen können: Frauen, die meckern, Frauen die Dinge besprechen wollen, verschwenderische oder geizige Frauen, misstrauische, eifersüchtige, kontrollierende Frauen, Frauen, die Vorwürfe machen, Frauen, die tun, was sie wollen.
Männer sind, wie sie sind. Frauen auch. Wir alle wissen es, haben es gelesen, sehen es in Vorabendserien. Dennoch können oder wollen wir uns nicht damit abfinden. Sie haben die Wahl, ob Sie sich weiterhin ärgern wollen – ohne Aussicht auf Änderung der Situation –, oder ob Sie sich endlich interessanteren Themen zuwenden. Es liegt ganz allein bei Ihnen.

4.2 Mein Sohn sollte ordentlicher sein

In wessen Macht steht es?
Wie ordentlich er ist, steht in seiner Macht.
Ist es wahr? Wie ist die Wirklichkeit?
„Er sollte ordentlich sein", ist mein frommer Wunsch seit vielen Jahren. Die Wirklichkeit sieht anders aus.

Kann ich es wirklich wissen?
Ich kann nicht wirklich wissen, ob das überhaupt Unordnung ist, was ich in seinem Zimmer wahrnehme.
Kann ich wirklich wissen, dass es für mich besser wäre, wenn meine Vorstellung wahr würde?
Ich denke das zwar, aber ich kann es nicht wissen.
Kann ich wirklich wissen, dass es für den/die Anderen besser wäre, wenn meine Vorstellung wahr würde?
Das denke ich ebenfalls, aber mein Sohn ist offensichtlich anderer Meinung.
Auf lange Sicht?
Wer weiß, was aus ihm wird, wenn ich ihn zu sehr trieze?
Was habe ich davon, wenn ich denke, meine Wunschvorstellung sollte wahr werden. Und dann sehe ich die Wirklichkeit?
Ich bin wütend. Ich denke, mein Sohn ist ein hoffnungsloser Fall. Ich denke, ich habe versagt.
Wie fühle ich mich? Wie behandle ich mich und den/die Anderen?
Ich bin sauer, muffig, behandle andere Menschen schlecht, während ich mich gerade ärgere.
Wie würde ich mich fühlen, wenn ich nicht an dieser Vorstellung festhalten würde?
Ich wäre frei, würde mich um meine Angelegenheiten kümmern. Ich würde meinen Sohn und meine Familie liebevoll behandeln.
Wie lauten die Umwandlungen?
Mein Sohn sollte nicht ordentlicher sein – Ich erkenne die Realität an.
Ich sollte ordentlicher sein. – Das kann man wohl sagen!

Mein Denken sollte ordentlicher sein. – Ein ordentliches Denken ist ein Denken, das mit der Wirklichkeit synchron geht.

Dieses Beispiel steht stellvertretend für jede Art von Ärger zwischen Kindern und Eltern, Eheleuten, Verwandten und Menschen allgemein. Obwohl wir uns gegenseitig seit Generationen predigen, wie wir zu sein haben, hat sich seit Tausenden von Jahren nicht viel geändert. Wann fangen wir an, uns nur um unsere eigenen Unzulänglichkeiten zu kümmern? Wann fangen wir an, unsere Vorstellungen vorzuleben und Anderen zu erlauben, ihre Vorstellungen zu leben? Eltern glauben, sie erzögen ihre Kinder zur Ordnung, wenn sie meckern und schreien. Tatsache ist, dass sie ihre Kinder lediglich zu Letzterem erziehen. Die ordentlichsten Menschen, die ich kenne, hatten extrem unordentliche Mütter – auch eine Möglichkeit der Erziehung.

4.3 Menschen sollten nicht lügen

In wessen Macht steht es?
In deren Macht.
Ist es wahr? Wie ist die Wirklichkeit?
Menschen lügen.
Kann ich es wirklich wissen?
Ich kann nie hundertprozentig sicher sein, ob jemand wirklich lügt oder bewusst die Unwahrheit sagt.
Kann ich wirklich wissen, dass es für mich besser

wäre, wenn meine Vorstellung wahr würde?
Nein, das kann ich nicht. Es gibt Bücher, die beweisen, dass Lügen gesellschaftlich notwendig ist.
Kann ich wirklich wissen, dass es für den/die Anderen besser wäre, wenn meine Vorstellung wahr würde?
Nein.
Was habe ich davon, dass ich denke, Menschen sollten nicht lügen und dann sehe ich die Wirklichkeit?
Ich ärgere mich über Lügner. Über die Schlechtigkeit der Menschen.
Wie fühle ich mich? Wie behandle ich mich und den/die Anderen?
Ich bin sauer. Ich denke darüber nach. Ich grüble immer wieder, warum hat er oder sie das getan?
Ich schimpfe. Ich beklage mich. Ich nerve andere mit meinen Beschwerden über die Lügner.
Wie würde ich mich fühlen, wenn ich nicht an dieser Vorstellung festhalten würde?
Ich würde mich gelassener und weiser, verzeihender und großzügiger fühlen.
Wie lauten die Umwandlungen?
Menschen sollten lügen. – Denn sie tun es.
Ich sollte nicht lügen. – Ich könnte es den Anderen vorleben.
Mein Denken sollte nicht lügen über die Tatsache, dass Menschen lügen.

Wussten Sie, dass jeder Mensch das Recht hat, unzulänglich, dumm, fehlerhaft und neurotisch zu sein? Natürlich muss jeder die daraus sich ergebenden Folgen tragen – aber wir haben diese Freiheit! Wenn wir uns

perfekte Mitmenschen wünschen, wünschen wir uns im Grunde Roboter.
Seit Jahrtausenden werden die zehn Gebote und andere Verhaltensregeln gepredigt, aber das scheint nicht viel zu nutzen. Fangen wir bei uns selbst an und überlassen wir den Anderen ihr Tun. Natürlich können wir immer wieder auf fehlerhaftes Verhalten hinweisen, Maßnahmen ergreifen, Konsequenzen ziehen – aber: Sich zu ärgern, sich aufzuregen oder sich zu grämen schadet nur uns selbst und ändert nichts an der Situation.

4.4 Es sollte keine Kriege geben!

In wessen Macht steht es?
Nicht in meiner Macht.
Ist es wahr? Wie ist die Wirklichkeit?
Es gibt Krieg.
Kann ich es wirklich wissen? Kann ich wirklich wissen, dass es für mich besser wäre, wenn meine Vorstellung wahr würde?
Das kann ich hundertprozentig wissen.
Kann ich wirklich wissen, dass es für den/die Anderen besser wäre, wenn meine Vorstellung wahr würde?
Für die Rüstungsindustrie ist es sicherlich besser, dass es Kriege gibt.
Auf lange Sicht?
Auf lange Sicht weiß ich es nicht.
Was habe ich davon, dass ich denke, meine Wunschvorstellung sollte wahr werden und dann sehe ich die Wirklichkeit?

Ich ärgere mich. Ich denke, die Menschheit ist sehr dumm. Ich mag meinen Fernseher gar nicht mehr anschalten. Ich verzweifle.
Wie fühle ich mich? Wie behandle ich mich und den/die Anderen?
Ich fühle mich schlecht, weil ich Teil der Menschheit bin. Ich führe in meinen Gedanken Krieg gegen die Kriegführenden.
Wie würde ich mich fühlen, wenn ich nicht an dieser Vorstellung festhalten würde?
Entspannter. Gelassener. Weiser.
Wie lauten die Umwandlungen?
Es sollte Kriege geben. – Denn das ist die Realität.
Es sollte keinen Krieg in mir geben. – Denn ich führe innerlich Krieg, wenn ich gegen den Krieg kämpfe.
Es sollte mein schlimmes Denken über den Krieg nicht geben. Durch Denken wird kein Krieg beendet. Ich kann auch ohne meinen Ärger einer pazifistischen Organisation beitreten!

Seit Jahrtausenden denken wir, es sollte keinen Krieg geben. Hat das die Realitäten geändert? Wenn wir die Methode anwenden und herausfinden, dass es Krieg geben sollte, weil es Krieg gibt, dann heißt das nicht, dass wir ihn gutheißen, fördern, loben sollten. Wir akzeptieren lediglich die Wirklichkeit.

Man kann etwas gegen Krieg tun. Sich jedoch über Krieg zu ärgern, führt nur zu innerem Krieg. Und wer weiß, vielleicht ist der permanente Ärger über Krieg der Hauptgrund dafür, dass es Kriege gibt?

4.5 Mein Chef sollte mich mehr loben und anerkennen

In wessen Macht steht es?
In seiner Macht.
Ist es wahr? Wie ist die Wirklichkeit?
Er nimmt mich überhaupt nicht wahr. – Obwohl er mich natürlich sehr wohl anerkennt, indem er mich bezahlt – aber das scheint mir nicht genug zu sein.
Kann ich es wirklich wissen?
Ich kann nicht wirklich wissen, ob er mich nicht anerkennt, ohne es auszusprechen. Wahrscheinlich hätte er mich längst entlassen, wenn das nicht der Fall wäre.
Kann ich wirklich wissen, dass es für mich besser wäre, wenn er mich mehr loben und anerkennen würde?
Das kann ich nicht wissen. Aber ich stelle es mir vor.
Kann ich wirklich wissen, dass es für meinen Chef und meine Kollegen besser wäre, wenn er mich mehr loben und anerkennen würde?
Für ihn wäre es wahrscheinlich nicht besser, denn er hat Wichtigeres zu tun. Und meine Kollegen wären möglicherweise neidisch.
Auf lange Sicht?
Auf lange Sicht wäre es vielleicht doch besser.
Was habe ich davon, dass ich denke, meine Wunschvorstellung sollte wahr werden und dann sehe ich die Wirklichkeit?
Ich bin frustriert, arbeite unkonzentriert, so dass ich auch gar kein Lob verdiene. Ich denke schlecht von meinem Chef.

Wie fühle ich mich? Wie behandle ich mich und den/die Anderen?
Ich fühle mich schlecht und bin muffig. Ich schimpfe laut oder leise.
Wie würde ich mich fühlen, wenn ich nicht an dieser Vorstellung festhalten würde?
Ich würde voller Freude das tun, wofür ich bezahlt werde. Ich wäre freundlich zu meinem Chef und zu den Kollegen. Ich würde mich bei niemandem über den Job beklagen.
Wie lauten die Umwandlungen?
Ich sollte mich selbst mehr loben und anerkennen. – Ja, da hätte ich genug zu tun.
Ich sollte meinen Chef mehr loben und anerkennen. – Da ist vielleicht was dran. Ich schimpfe schließlich meistens über ihn. Dabei ist er ansonsten ein guter Chef.

Dieses Beispiel wird bei meinen Seminaren häufig angesprochen. Ist es nicht verwunderlich, dass Menschen, die für ihre Arbeit bezahlt werden, offensichtlich auf eine weitergehende Belohnung warten, von der absolut nichts in ihrem Arbeitsvertrag steht? Aber so sind wir – wir brauchen Anerkennung, Respekt, Liebe. Einerseits weiß ein guter Chef das natürlich, und wenn er großen Wert auf seine Mitarbeiter legt, wird er sie auch loben. Andererseits hat er möglicherweise weder Zeit noch Nerven, jedem Mitarbeiter die Anerkennung zu geben, die nötig wäre.
Ich habe Seminare im Bereich Mitarbeiterschulung gehalten und fand es erstaunlich, wie viel Zeit und Gehirnkapazitäten Menschen in Firmen an Dinge ver-

schwenden, die sie im Grunde nichts angehen: Verhalten der Vorgesetzten, Klatsch, Firmenpolitik und so weiter. Missverstehen Sie mich nicht: Ich bin sehr dafür, dass man sich interessiert, engagiert, für notwendige Veränderungen kämpft. Aber die Meisten grübeln nur still vor sich hin, ärgern sich und verbreiten schlechte Stimmung, indem sie hinter dem Rücken von Anderen meckern. Wer sich auf diesen Weg begibt, kann seine Arbeit nicht effektiv erledigen, wird sich ständig schlecht fühlen und muss sich nicht wundern, wenn er auf Dauer keinen Erfolg hat.

Wer die Methode einsetzt, indem er Andere verurteilt, wird herausfinden, was er selbst tun kann, um sein Glück zu finden.

4.6 Ich sollte zufriedener sein

Ich habe erwähnt, dass die Technik zu Beginn möglichst mit dem Ärger über Andere ausprobiert werden sollte. Der Grund ist: Sie ist dann etwas leichter auszuführen. Aber natürlich können Sie auch den Ärger über sich selbst bearbeiten. Allerdings wäre es gut, wenn Sie ehrlich prüfen würden, ob Sie nicht doch jemanden verantwortlich machen können. Ich finde es leichter, den Satz „Mein Mann sollte im Haushalt helfen“ zu bearbeiten, als die Schuld bei sich selbst zu suchen: „Ich sollte meinem Mann gegenüber großzügiger sein und ihn nicht beschimpfen, weil er nicht hilft!“
Prüfen Sie also stets, ob Sie nicht Andere beschuldigen können.

Ich sollte zufriedener sein.
In wessen Macht steht es?
Ich denke, es stünde theoretisch in meiner Macht – aber wenn ich weiter darüber nachdenke, scheint das doch nicht der Fall zu sein, sonst wäre ich ja zufriedener...
Ist es wahr? Wie ist die Wirklichkeit?
Ich bin ständig unzufrieden.
Kann ich es wirklich wissen? Kann ich wirklich wissen, dass es für mich besser wäre, wenn ich zufriedener wäre?
Da bin ich hundertprozentig sicher!
Kann ich wirklich wissen, dass es für den/die Anderen besser wäre, wenn ich zufriedener wäre?
Nicht hundertprozentig!
Auf lange Sicht?
Keine Ahnung, aber ich denke es.
Was habe ich davon, dass ich denke, ich sollte zufriedener sein und dann fühle ich meine Unzufriedenheit?
Ich werde noch unzufriedener. Ich denke, mit mir ist etwas Grundlegendes nicht in Ordnung.
Wie fühle ich mich? Wie behandle ich mich und den/die Anderen?
Sehr schlecht. Ich nerve nicht nur mich, sondern auch die Familie und meine Freunde.
Wie würde ich mich fühlen, wenn ich nicht an dieser Vorstellung, dass ich zufriedener sein müsste, festhalten würde?
Ich wäre vielleicht ein wenig zufriedener. Ich würde akzeptieren, dass ich eben so bin, wie ich bin.

Wie lauten die Umwandlungen?
Ich sollte nicht zufriedener sein. – Es ist, wie es ist.
Mein Denken sollte zufriedener sein. – Da ist was dran, denn es ist ja eigentlich nur mein Denken, das unzufrieden ist.

Viele Menschen neigen dazu, die Frage „Wie würde ich mich fühlen, wenn ich nicht an dieser Vorstellung, dass ich zufriedener sein müsste, festhalten würde?“ folgendermaßen zu beantworten: „Ich würde völlig resignieren.“ Dieser Satz kann wiederum mit der Methode untersucht werden.

5. Einige Tipps und Hinweise

Ich lehre die Methode des Bearbeitens seit nunmehr sechs Jahren. Einige Tipps und Hinweise zu häufig gestellten Fragen habe ich hier aufgelistet. Wenn Sie weitere Fragen haben, finden Sie auf Seite 79 diverse Möglichkeiten, diese zu stellen.

5.1 Angst vor Gleichgültigkeit und Passivität

Gleichgültigkeit

Viele Menschen, welche die Methode des Bearbeitens kennen lernen, hegen anfangs die Befürchtung, dass diese zur Akzeptanz aller unangenehmen Gefühle führen könnte. Schlimmer noch – dass sich Gleichgültigkeit gegenüber Missständen aller Art einstellen würde. Die Erfahrung zeigt jedoch, dass dies nicht der Fall ist. Die Anwendung der Methode führt zu mehr Kraft, Energie und Freude, tatkräftig etwas gegen Missstände zu unternehmen. Das Eliminieren der unangenehmen Gefühle setzt Hirnkapazitäten frei und macht kreativ. Glückliche Menschen arbeiten besser!
Allerdings – viele erkennen: Es hat keinen Sinn, gegen alles Schlimme auf dieser Welt zu kämpfen, sondern: Man sollte seine Kräfte auf bestimmte Bereiche konzentrieren, um effektiv zu sein.

Leiden als Antrieb?

Manche Menschen glauben, man müsse leiden, um zu handeln. Das kann ich nicht bestätigen. Ich selbst habe mich vierzig Jahre lang mit dem schmerzhaften Denkmuster „Ich muss Geld verdienen, sonst werde ich unter

der Brücke landen" frühmorgens aus dem Bett gepeitscht. Seit ich nur noch aus Freude arbeite, verdiene ich nicht weniger, sondern mehr.
Ein berühmter deutscher Schauspieler behauptet im Fernsehen seit Jahren, er kümmere sich „aus Wut" um die hungernden Äthiopier. Ich glaube ihm nicht. Ich sehe, dass er ein wunderbares, erfülltes Leben führt, eine hübsche junge Äthiopierin geheiratet hat und voller Energie davon erzählt, wie glücklich es ihn macht, den Armen zu helfen.

Probieren Sie es aus! Sie können jederzeit zu Ihrem Ärger und Ihrem Frust zurückkehren.

5.2 Was Sie noch wissen sollten

Kleiner und großer Ärger
Ich habe festgestellt, dass das auslösende Ereignis bzw. der auslösende Gedanke nicht in direktem Zusammenhang zur Menge, Stärke oder dem Beharrungsvermögen des Ärgers steht. Ärger ist individuell und dockt sich je nach persönlicher Geschichte und Veranlagung unterschiedlich stark an bestimmte Ereignisse und damit an die Gedanken über dieselben an. Bevor Sie die Methode anwenden, können Sie nicht wissen, wie beharrlich Ihr Ärger sein wird.

Ein Beispiel:
Den Ärger über eine verflossene Beziehung hatte ich jahrelang gepflegt und ich war sicher, dass ich sehr lange damit würde arbeiten müssen. Ich war daher überrascht,

dass nach einer einzigen Anwendung die negativen Gefühle vollständig verflogen waren.
Den Ärger über im Wald weggeworfenen Müll wurde ich hingegen erst nach Hunderten von Anwendungen los. Trotz fast täglicher Spaziergänge spüre ich ihn nur noch sehr selten, und dann, wenn ich ihn spüre, wende ich die Methode an. (Gelegentlich nehme ich eine Tüte mit und lese die Sachen einfach auf! Auch keine schlechte Übung! Ich denke NICHTS dabei und bewege meinen Körper.)

Ärger in den verschiedenen Lebensbereichen
Die Methode unterscheidet nicht zwischen verschiedenen Lebensbereichen. Alles wird auf die gleiche Art bearbeitet.

- Legen Sie sich ein Heft an, in das Sie alles hineinschreiben.
- Sprechen Sie den Ärger auf ein Diktiergerät.
- Bearbeiten Sie die Dinge zu einem festen Zeitpunkt und in Ruhe.
- Bearbeiten Sie nicht zu viel auf einmal. Eine halbe Stunde täglich genügt.

Ärger über den Ärger
Viele von uns wissen, dass es nichts bringt, sich zu ärgern. Ärger schadet der Gesundheit. Sie können ihn aber nicht nur nicht abstellen, sondern Sie ärgern sich darüber hinaus, dass sie sich ärgern. Hat man das realisiert, kann man sich natürlich auch darüber ärgern, dass man sich noch immer über den Ärger ärgert und so weiter.

Unterbrechen Sie diese Kaskade der Selbstzerstörung, indem Sie entweder den Ärger über den Ärger erst einmal annehmen und bearbeiten oder, indem Sie unwissend und unspirituell werden und den zugrunde liegenden Ärger bearbeiten.

Wir fangen jetzt an.
Viele von uns beklagen das, was in der Vergangenheit passiert ist. Die Dinge, die sie wieder einmal falsch gemacht und immer noch nicht gelernt haben. Aber nutzt uns dieses „Herumwühlen" in der Vergangenheit wirklich? Wir können doch jeden Tag neu anfangen! Und wenn es heute nicht geklappt hat – morgen ist ein neuer Tag.

Ärger eliminieren, bevor Sie sich ärgern
Man kann die Methode pro forma benutzen. Wenn Sie eine ärgerliche Auseinandersetzung erwarten, tun Sie so, als sei der schlimmste Fall schon eingetreten. Füllen Sie das Beschwerdeformular pro forma aus. Bearbeiten Sie Ihren Ärger, bevor Sie sich ärgern. Sie werden sehen: Diese Vorbereitung hilft Ihnen, gelassen zu bleiben, wenn Sie in der betreffenden Situation sind.

Register

Literaturhinweise

- Birkenbihl, Vera F.: Jeden Tag weniger ärgern, Midena, 2002
- Boerner, Moritz: Byron Katies The Work, Goldmann, 1999.
- Boerner, Moritz: Gemeinsam lieben, Goldmann, 2001.
- Boerner, Moritz: Der Wahrheit ist es egal wo du sie findest, Goldmann, 2003.
- Epiktet: Handbüchlein der Moral, Kröner, 1984.
- Klein, Stefan: Die Glücksformel, rororo, 2002
- Mitchell, Byron Katie: Lieben was ist, Goldmann, 2002.
- Dwoskin, Hale: The Sedona Method, Sedona Press, 2003.

Weiterbildung

Der Autor bietet Kurse an, auf denen Sie Ihre Kenntnisse der in diesem Büchlein vorgestellten Methoden vertiefen können.

Eine Videokassette und diverse Audiokassetten oder CDs mit Anwendungsbeispielen und eine Kassette bzw. CD, die Sie beim Spazierengehen, Auto fahren oder Joggen benutzen können, sind erhältlich.

Schauen Sie auf der Website:
http://www.MoritzBoerner.de oder fordern Sie das Seminarprogramm und ein Bestellformular für Kassetten und CDs an:

Tel.: 0700-62637637
Fax: 06724-601189
E-Mail: BoernerMedia@onlinehome.de.

Zur Durchführung der Methode des Bearbeitens gibt es ein Computerprogramm für Mac und Windows („Nutzen Was Ist"), das Sie kostenlos von der Website des Autors herunterladen können. Eine CD-ROM für Mac und Windows können Sie zum Selbstkostenpreis von 8 € zzgl. 2 € bestellen.

Zu diesem Themenkreis sind bereits erschienen:

Peter Heigl
30 Minuten für gute Rhetorik

ISBN 3-89749-123-0

Peter Mohr
30 Minuten für erfolgreiches Verkaufen

ISBN 3-89749-224-5

Lothar J. Seiwert
30 Minuten für optimales Zeitmanagement

ISBN 3-930799-86-3

Reinhard K. Sprenger
30 Minuten für mehr Motivation

ISBN 3-89749-030-7

Bernhard P. Wirth
30 Minuten für bessere Menschenkenntnis

ISBN 3-89749-184-2

Jeder Band:
€ 5,90 / sFr 10,20

Fragen Sie in Ihrer Buchhandlung nach weiteren Bänden dieser Reihe oder fordern Sie einen Verlagsprospekt an:

GABAL Verlag GmbH
Postfach 200 252, 63077 Offenbach
Tel.: 0 69/83 00 66-0; Fax: 0 69/83 00 66-66
www.gabal-verlag.de
E-Mail: info@gabal-verlag.de